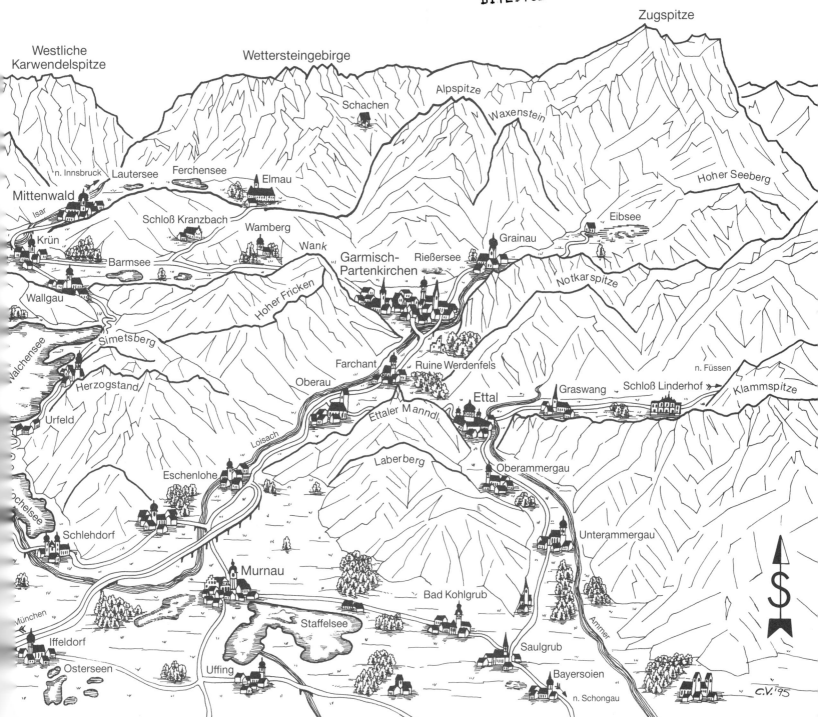

Martin und Brigitta Siepmann

Werdenfelser Land und oberes Ammertal

Martin und Brigitta Siepmann

Werdenfelser Land und oberes Ammertal

Verlagsanstalt »Bayerland« Dachau

Abbildung auf dem Buchumschlag:
Blick von Garmisch-Partenkirchen zum Zugspitz-
massiv
Book cover depiction:
The Zugspitze Mountains including the Alpspitze
and Waxenstein as seen from Garmisch-Partenkirchen

In gleicher Aufmachung sind
außerdem erschienen:

Starnberger Seenland
(Deutsch – Englisch)
ISBN 3-922394-40-X

Isarauen
ISBN 3-89251-115-2

Im Tegernseer Tal
ISBN 3-89251-159-4

An Leitzach und Mangfall
ISBN 3-89251-178-0

Am bayerischen Meer
Chiemsee – Chiemgau
(Deutsch – Englisch)
ISBN 3-89251-174-8

Landschaft in Bayern
Walchensee – Kochelsee – Staffelsee
ISBN 3-89251-200-0

Verlag und Gesamtherstellung:
Druckerei und Verlagsanstalt »Bayerland« GmbH
85221 Dachau, Konrad-Adenauer-Straße 19

Fotos: Martin Siepmann

Einleitung und Bildtexte: Brigitta Siepmann

Übersetzung: Mary Ellen Kitchens

Grafik Buchvorsatz: Christine Valk

Einleitung

Schroffe Felswände, die sich aus dunklen Bergwäldern gen Himmel türmen, tiefe Schluchten, grüne Täler, von Gletschern und wilden Flüssen geschaffen, Moore, Wasserfälle und immer wieder Seen, das ist die Landschaft im Südwesten Oberbayerns, das ist das Werdenfelser Land. Kaum eine der vielen oberbayerischen Urlaubslandschaften ist so bekannt und beliebt. Das ganze Landkreisgebiet von Garmisch-Partenkirchen – von Uffing am Staffelsee im Norden bis zur Grenze nach Tirol im Süden, von Wallgau im Osten bis etwa Schloß Linderhof im Westen – wird heute oft als »Werdenfelser Land« bezeichnet. In diesem Buch soll jedoch nur vom südlichen Landkreis mit dem historisch gewachsenen Werdenfelser Land und vom oberen Ammertal die Rede sein.

Jeder kennt sie, die spektakulären Glanzlichter dieser Gegend: das mondäne Wintersportdorf Garmisch-Partenkirchen, Mittenwald und seine Geigenbauer, die Naturschauspiele Zugspitze, Partnach- und Höllentalklamm, die Baukunstwerke Kloster Ettal und Schloß Linderhof und den Passionsspielort Oberammergau. Vom »Goldenen Landl« wird manchmal gesprochen. Manch einer mag dabei an eine moderne Wortschöpfung denken, angesichts des Eifers, mit dem der Fremdenverkehr hier teilweise betrieben wird. Kaum eine Form des Alpinismus, eine Sportart, Unterhaltung, die hier nicht angeboten wird; Gesundheits-, Schönheits- und Fitneßkuren;

Shopping und das schnelle Glück in der Spielbank von Garmisch-Partenkirchen; Kultur, Kunst und Kitsch, gemütliche Gastlichkeit; Haute Cuisine oder Schnellimbiß; Folklore, aber auch überliefertes Brauchtum – und das alles in einer Bilderbuchlandschaft vor grandioser Bergkulisse. Doch dieser Name ist nicht neu; er stammt aus längst vergangenen Zeiten.

Spuren menschlichen Lebens gibt es im Land zwischen Karwendel und Wetterstein, den Ammergauer Alpen und dem westlichen Estergebirge schon aus vorgeschichtlicher Zeit. So sollen die Flußnamen Loisach, Isar und Ammer und auch die Ortsbezeichnungen In der Scharnitz und Partenkirchen keltischen oder illyrischen Ursprungs sein. 15 v. Chr. kamen die Römer über die Alpen und blieben über 400 Jahre lang. Sie bauten die Straße, die lange Zeit Lebensader des Werdenfelser Landes werden sollte und damals Verona mit Augsburg verband. Sie führte über den Scharnitzpaß an der Straßenstation Partenkirchen vorbei. Bei Oberau teilte sie sich auf in Richtung Murnau und Richtung Schongau. Als die Römer Ende des 5. Jahrhunderts die besetzten Gebiete aufgaben, ließen sie langsam verfallende Straßen und einige der ihren zurück. Die neuen bajuwarischen Herren nannten diese Kelto-Romanen »Walchen«. Das Dorf Wallgau und der weiter im Nordosten liegende Walchensee sind nach ihnen benannt. Im frühen Mittelalter wurden die alten Römerstraßen wiederent-

deckt. Neue Siedlungsnamen tauchten auf: Klais, Krün, Garmisch, Oberau, Farchant, Eschenlohe und Oberammergau. Mittenwald wird im 11. Jahrhundert urkundlich erwähnt und gewann ab dem 12. Jahrhundert zusammen mit Partenkirchen durch die Renaissance der alten Römerstraßen zunehmend an Bedeutung.

Wieder einmal nur Partenkirchen? Auch Garmisch gab es damals schon, doch war es eine eigene, vor allem bäuerlich geprägte Siedlung und durch eine große unbebaute Fläche von seinem bedeutenden Nachbarn Partenkirchen getrennt. Erst im 19. Jahrhundert gelang es Garmisch, dank des Fremdenverkehrs endlich aus dem Schatten seines alten Rivalen herauszutreten. Zu einer Gemeinde wurden die beiden Orte 1935, im Vorgriff auf die Olympischen Winterspiele 1936. So ganz trauen sie der neuen Einheit wohl bis heute nicht. Es gibt noch immer vieles doppelt, Sport- und Trachtenverein zum Beispiel, und Garmisch-Partenkirchner finden sich vor allem unter den zahlreichen Neubürgern, von den Einheimischen auch »Zuagroaste« genannt. Sie selbst sind entweder Garmischer oder Partenkirchner. Tatsächlich gibt es Unterschiede: Garmisch, vom Martinswinkel am linken Loisachufer einmal abgesehen, mit eher moderner Bausubstanz und städtischem Unterhaltungswert; Partenkirchen noch immer traditionsreicher und beschaulicher Markt. Vielleicht macht gerade das Garmisch-Partenkirchen für viele Besucher und Wahlbürger so anziehend.

Aber zurück ins 12. Jahrhundert: Da lag Partenkirchen im Gegensatz zu Garmisch entlang der wiederbelebten Nord–Süd-Verbindung und entwickelte sich allmählich zum Handelsort. Doch noch sprach niemand vom Werdenfelser Land. Seine Geschichte begann Anfang des 13. Jahrhunderts mit dem Bau einer wehrhaften Burg. Otto VII. von Andechs und Meranien soll sie auf einem Höhenzug südwestlich vom heutigen Ort Farchant errichtet haben. Vielleicht hieß sie »Wehret den Fels« oder »Wer erobert den Fels«, vielleicht hatte ihr Name aber auch mit dem latinisierten mittelalterlichen Wort für »Grün« zu tun. Sicher ist, daß sie dem Werdenfelser Land den Namen gab. Heute schauen nur noch die Ruinen der Festung auf die Siedlung Burgrain herab, aber damals kam sie als stattliche Burg an den Grafen Berchtold I. von Eschenlohe. Der letzte aus diesem starken Geschlecht, Berchtold III., verkaufte sie 1294 mit Besitz um Partenkirchen und Mittenwald an das Hochstift Freising. Dieses hatte schon seit dem 8. Jahrhundert ringsum Land erworben und konnte damit seinen Besitz zur »freien und reichsunmittelbaren Grafschaft Werdenfels« abrunden. Die Burg bei Farchant wurde Sitz der freisingischen Pfleger. Der Pflegersee erinnert noch heute daran. Die Grafschaft entsprach etwa dem südlichen Landkreis Garmisch-Partenkirchen bis zur Höhe Wallgaus und des ehemaligen »Steiner-

nen Brückerls« nördlich von Farchant. Über 500 Jahre lang unterstand sie unmittelbar dem Reich und nicht dem angrenzenden Herzogtum Bayern. Erst 1802 wurde sie im Vorgriff auf die Säkularisation von Klostergütern als »Landgericht Werdenfels« in Bayern »eingegliedert«. Ironie des Schicksals, daß ausgerechnet das Land, das heute für so viele der Inbegriff oberbayerischen Lebens ist, erst Anfang des 19. Jahrhunderts wirklich bayerisch wurde.

Tradition und Lebensweise entwickelten sich aber nicht so verschieden, wie vielleicht zu erwarten gewesen wäre. Sowohl im Werdenfelser Land als auch in den angrenzenden bayerischen Gebieten konnten die Menschen von der Holz- und Viehwirtschaft allein nicht leben, hier wie dort litten sie unter den unruhigen Zeiten. Zwar war das Werdenfelser Land bis ins 17. Jahrhundert an den rundum aufflackernden Kriegen kaum direkt beteiligt; doch gab es die ständigen Querelen mit den angrenzenden Klostergerichten Benediktbeuern im Nordosten und vor allem Ettal im Nordwesten. Sie reichten bis ins 13. Jahrhundert zurück. Denn Berchtold III. hatte 1295/96 auch den nördlichen Teil seines Besitzes verkauft, allerdings nicht an Freising, sondern an das Hochstift Augsburg. Kaiser Ludwig der Bayer erwarb das Gebiet. Er schenkte es, zusammen mit einer kleinen marmornen Muttergottesfigur aus Rom, die Ziel zahlreicher Wallfahrer werden sollte und noch heute den Hauptaltar der barocken Kirche

schmückt, dem 1330 von ihm gegründeten Ritterstift und späteren Kloster Ettal. Jahrhundertelange Rechts- und Grenzstreitigkeiten waren die Folge, denn natürlich blieb es Kloster Ettal nicht verborgen, daß Handelsaufkommen und Wohlstand im Werdenfelser Land wuchsen. Die Rott entstand, eine Zunft aus bürgerlichen Fuhrleuten, die das ausschließliche Recht innehatten, Kaufmannsgüter von einer Rottstation zur nächsten zu verfrachten und für die Lagerung ein sogenanntes Niederlagegeld zu fordern. Mittenwald und Partenkirchen wurden Werdenfelser Rottstationen. So groß wurde dort das Handelsaufkommen, daß es zu Lande nicht mehr bewältigt werden konnte. Die Isar wurde schon bei den Römern als Wasserweg genutzt und nun mit der Loisach für die Wasserrott wiederentdeckt. Diese Flüsse prägten die Haupttäler im Werdenfelser Land. Beide kommen aus Tirol. Die Loisach fließt zuerst nach Osten und biegt in Garmisch-Partenkirchen, um das Wasser der Partnach gestärkt, nach Norden. Die Isar richtet ihren wilden Lauf vom Scharnitzpaß Richtung Norden, um bei Wallgau nach Osten in den Isarwinkel abzuschwenken. Im Isarstausee bei Krün wird ihr Schwung jäh unterbrochen und zur Stromerzeugung genutzt; beträchtliche Wassermengen werden zum ebenfalls stromwirtschaftlich erschlossenen Walchensee abgezweigt. Heute würden die Flöße bei Krün und Wallgau im Isarkies stranden. Doch vom 13. bis zum Ende des 19.

Jahrhunderts gab die Flößerei ab Mittenwald oder Garmisch vielen Menschen Arbeit und Brot. Nicht nur ausländische Waren trugen die Flöße, sondern auch zum Beispiel Gips aus Oberau und die jahrhundertelang begehrten Wetzsteine aus Unterammergau. 1487 verlegten die Venezianer Kaufleute ihren Markt von Bozen nach Mittenwald. 1492 sorgte Herzog Albrecht IV. von Bayern mit dem Bau der alten Kesselbergstraße über Kochel, Walchensee und Wallgau für eine bessere Verbindung zwischen der Residenzstadt München und dem Werdenfelser Land, denn Isar und Loisach konnten nur flußabwärts als »Einbahnstraße« befahren werden. Nun erblühte das »Goldene Landl« vollkommen; stattliche Ballenhäuser säumten in Mittenwald und Partenkirchen die Handelsstraße und verwahrten Warenballen, Kisten und Fässer aus aller Welt.

Auch Oberammergau, auf bayerischem Gebiet gelegen und seit 1364 Kloster Ettal unterstellt, hatte das Rottrecht. Doch der Handel wollte nicht recht in Schwung kommen. Zwei Hindernisse schreckten die Fuhrleute: der steile Ettaler Berg und die gefürchtete Ammerschlucht. Die Oberammergauer konnten sich deshalb auf diesen Erwerbszweig nicht verlassen und sicherten sich schon damals ihr Auskommen mit kunstvollen Holzschnitzereien.

Mit dem 17. Jahrhundert kamen schwere Zeiten. 1632, also mitten im Dreißigjährigen Krieg (1618–1648), verschob das habsburgische Tirol seine Grenzen nach Norden bis hin zum Scharnitzpaß und errichtete dort oben die Festung »Porta Claudia«. Von da ab zogen immer wieder Truppen durch das »Landl« und ließen, ob verbündet oder verfeindet, oft genug Verwüstungen, Hunger und Krankheit zurück. Die Pest fegte über das Land. Die Menschen flehten zu den Pestpatronen Rochus und Sebastian; zahlreiche Pestkapellen sind noch heute Zeugnis ihrer großen Not. Ende 1632 kam der »Schwarze Tod« nach Oberammergau und raffte binnen weniger Monate etwa 14 Prozent der damaligen Bevölkerung hinweg. Verzweifelt gelobten die Bürger, alle zehn Jahre ein Passionsspiel aufzuführen, wenn ihr Ort von der Pest befreit werde. Tatsächlich soll von da ab niemand mehr der Seuche erlegen sein. Die Oberammergauer haben ihr Gelöbnis durch alle Wirren der Zeit und manches Mal gegen massive politische Widerstände gehalten. Heute ist das Passionsspiel ein Magnet für Besucher aus aller Welt.

Nach der Pestepidemie hatten die Oberammergauer immer noch ihre Holzschnitzereien, doch mit Partenkirchen und Mittenwald ging es zunächst bergab. 1679 verlegten die Venezianer ihren Markt nach Bozen zurück; die Augsburger Bischöfe ließen weiter westlich eine neue, bessere Handelsstraße bauen. Schließlich brachte sowohl für Partenkirchen als auch für Mittenwald der Rohstoff Holz neuen wirtschaftlichen Aufschwung. Die Partenkirchner wurden Holzschnitzer und fanden damit ihr bescheidenes Auskommen. Von den Mittenwaldern zogen manche bald nach Auflösung des venezianischen Marktes selbst als Hausierer und Händler hinaus und gründeten Handelsniederlassungen in aller Welt. Ab 1684 bereicherten ungewöhnliche Waren ihr Angebot: die hervorragenden Geigen des Mittenwalders Matthias Klotz (1653–1743). Er soll sein Handwerk in Cremona gelernt haben, zumindest aber bei einem von dort beeinflußten Meister. Schon bald verbreitete sich der gute Ruf seiner Instrumente; für Mittenwald begann eine neue Blütezeit. Bis heute begründen neben dem Fremdenverkehr Tausende von Geigen, Cellos, Gitarren und Zithern weltweit den Ruf Mittenwalds.

Stellen Sie sich vor, Sie stünden im Zentrum Mittenwalds, Unter- oder Oberammergaus, in Partenkirchen in der Ludwigstraße, in Wallgau oder Krün und sähen zwar stattliche, doch nur einfarbig verputzte Häuser; angesichts der üppigen Lüftlmalereien dort ein schwieriges Unterfangen. Und doch präsentierte sich das Straßenbild noch bis Anfang des 18. Jahrhunderts so: der Baustil harmonisch in die Landschaft eingepaßt, doch das Äußere schlicht und einfach. Vielleicht gab Matthäus Günther (1705 bis 1788) mit der ungewöhnlichen Gestaltung des Mittenwalder Kirchturmes den Impuls. Jedenfalls verbreitete sich die Lüftlmalerei schnell, nicht nur im Werdenfelser Land. Die Fassaden des Mittenwalder Schlipferhauses und des Pilatushauses von Oberammergau machen uns mit den berühmtesten Meistern bekannt: Franz Karner (1737–1817) und Franz Seraph Zwinck (1748–1792). Daneben wirkten über die Jahrhunderte zahlreiche Unbekannte, nicht immer Meister, aber fast immer mit Sinn für farbenfrohe, liebenswerte Bildgestaltung inmitten der Kulisse aus schroffem Karwendel und Wetterstein, den abwechslungsreichen Ammergauer Alpen und dem westlichen Estergebirge. Kein Wunder, daß die Romantik des 19. Jahrhunderts diese grandiose Landschaft voll Wildheit und Harmonie für sich entdeckte. Auf seine Weise ist es überall schön, aber am allerschönsten soll es, glaubt man einem Volkslied, bei den Garmisch-Partenkirchnern sein:

»'s gibt nur ein Loisachtal allein,
den Zugspitz und den Waxenstein,
da kannst d' die ganze Welt ausgehn
und findst es nirgends mehr so schön …«

reimte ein Unbekannter aus vollem Herzen. Tatsächlich ist die Zugspitze ein landschaftlicher Höhepunkt im wahrsten Sinn des Wortes, denn mit 2963 Metern ist sie der höchste Berg Deutschlands. Die Einheimischen sprechen übrigens von »dem Zugspitz«. Die Bezeichnung »Spitz« steht eigentlich für wirtschaftlich nicht nutzbare Hänge oder Gipfel. Höchste Zeit also, die Zugspitze umzutaufen, denn seit dem 19. Jahrhundert ist sie einer der wichtigsten Wirtschaftsfaktoren des Werdenfelser Landes. Bis dahin glaubten die Anwohner noch an den Zuggeist, der jede

Störung in seiner unwirtlichen Gipfelwelt unbarmherzig strafen werde. Aber 1820 gelang es nachweislich dem Vermessungsingenieur Josef Naus mit dem Partenkirchner Bergführer Johann Georg Deuschel, heil auf den Westgipfel hinauf und wieder hinunter zu kommen. Die Scheu vor den Bergriesen schwand überall, und der Alpinismus machte selbst vor den höchsten Gipfelregionen der Welt nicht mehr halt. 1889 wurde die Eisenbahnlinie München–Garmisch eröffnet, 1912 die von Garmisch über Mittenwald nach Innsbruck, aber noch blieben die wagemutigen Gipfelstürmer unter sich. 1926 eroberte die Tiroler Zugspitzbahn die unwirtlichen Felsregionen, 1930 die Zahnradbahn von Garmisch-Partenkirchen über Grainau und den idyllischen Eibsee zum Schneefernerhaus, seit 1931 mit anschließender Kabinenschwebebahn zum Gipfel. Für besonders Eilige gibt es seit 1963 die Seilschwebebahn, die die 1950 Meter Höhenunterschied vom Eibsee zur Gipfelregion in nur zehn Minuten bewältigt. Naus und Deuschel würden »ihren« Gipfel heute nicht wiedererkennen. Er ist unter massiven Überbauungen verschwunden, die Besucherplattform das ganze Jahr über Treffpunkt zahlloser Bergdohlen, Bergsteiger, Skifahrer und Neugieriger aus aller Welt. Vor ihren Augen türmt sich uraltes Gestein zum Gipfelbildner, Riffkalke, die hier oben als Wettersteinkalk sichtbar werden. Sie sind Relikt des riesigen Tethysmeeres, das einst Urafrika von Ureuropa trennte,

und ziehen ihre felsigen Zackengrate von den Berchtesgadener Alpen über das Karwendel und den Wetterstein bis hin zu den Allgäuer Alpen. Das Estergebirge ist, ähnlich wie der Wetterstein, sehr karstig, also von unterirdischen Abflüssen und Höhlen durchzogen. Unter dem Hohen Fricken, dem Nachbarn des durch seine Bergbahn und hervorragende Aussicht bekannten Wank, soll die zweitgrößte Höhle Bayerns liegen. Große Teile des unterirdisch ablaufenden Wassers drängen aus der Westflanke des Hohen Fricken hoch über Farchant als Kuhfluchtwasserfälle wieder ans Tageslicht. Manche halten diese in mehreren Kaskaden übermütig ins Tal eilenden Wassermassen für den lange gesuchten Abfluß des malerischen Barmsees westlich von Krün.

Das sind nur zwei von vielen geologischen Besonderheiten im Werdenfelser Land und dem oberen Ammertal. Die abwechslungsreiche Fauna und Flora spiegelt die Vielfalt der Strukturen wider. Das gilt besonders für die Ammergauer Alpen, die zum größten Teil unter Naturschutz stehen. Sie gliedern sich in die südlichen Hauptdolomitberge mit ihren mächtigen Schuttkegeln, eine vielgestaltige mittlere Zone und die mittelgebirgsähnliche Flyschzone des Nordens mit zahlreichen Moorgebieten: sensibler Lebensraum mit hochspezialisierten, oft bedrohten Tier- und Pflanzenarten. Hier liegt der beliebte Kurort Bad Kohlgrub, der seinen guten Ruf vor allem heilkräftigen Moorbädern verdankt. Bei Saulgrub schuf die Ammer die Scheibum, eine der vielen wildromantischen Schluchten in den Bergen.

Die Ammergauer Alpen sind verhältnismäßig wenig erschlossen. Ihre Schönheit will zu Fuß erwandert werden. König Maximilian II. (1848–1864) wußte vor allem ihren Wildreichtum zu schätzen. Er kam gerne und oft zur Jagd. Sein menschenscheuer Sohn, König Ludwig II. (1864–1886), zog sich mit Vorliebe in die väterlichen Jagdhütten am Pürschling und Brunnenkopf oder in das Jagdhaus im Graswangtal zu Füßen des Hennenkopfes zurück. Zeit seines Lebens baute er an seiner sagen- und traumdurchwirkten Welt. Seine geliebten Berge waren ihm dafür willkommene Kulisse. Hoch auf dem Schachen, mit weitem Blick über den Wetterstein, steht sein eigenwilliges Schloß Schachen. Aber vor allem das Graswangtal hatte es ihm angetan. Hier nahm ab 1874 eines seiner phantastischen Projekte malerische Gestalt an, Schloß Linderhof, benannt nach einem ehemaligen Zehenthof des nahegelegenen Klosters Ettal, der dem Traumschloß weichen mußte. Es wurde zu einem der wenigen vollendeten und tatsächlich bewohnten Kunstwerke des sagenumwobenen Monarchen: ein Refugium fern vom wirklichen Leben. Heute dagegen ist Linderhof sehr belebt: Hunderttausende von Besuchern werden jährlich von diesem schönen Baukunstwerk mitten in den Bergen angezogen.

So viele Besucher hier, in Ettal, auf der Zugspitze: Wie kommen sie ins Werdenfelser Land? Die meisten rollen von der Autobahn München–Garmisch-Partenkirchen an, fädeln am Autobahnende bei Oberau ein in die B 2 und schieben sich abends auf dem gleichen Weg zur Autobahn zurück. Doch auch die anderen »Zubringer« sind oft überlastet. Sie haben es meist eilig, die Besucher, um zur abwechslungsreichen Schönheit des Werdenfelser Landes vorzudringen und dann wieder heimzukommen. Immer wieder werden Verkehrskonzepte ent- und verworfen: Weiterführung der Autobahn, Umgehungsstraßen. Doch ohne schmerzliche Einbußen an Natur- und Lebensraum, auch für diejenigen, die die Schönheit des Werdenfelser Landes suchen oder von ihr leben, sind solche Projekte wohl nicht realisierbar. Mensch und Natur, die Sehnsucht nach dem Schönen und die Bereitschaft, es zu zerstören: ein schwieriges Thema, nicht nur im Werdenfelser Land.

Kaum ein Ort ist so geeignet, über diesen ewigen Widerspruch im Menschen nachzudenken, wie das Wallfahrtskirchlein Sankt Anton am Wankhang über Partenkirchen. Anfang des 18. Jahrhunderts stifteten es einige Partenkirchner Bürger als Dank, daß ihre Heimat im Spanischen Erbfolgekrieg (1701–1714) nicht zerstört wurde. Im Inneren empfängt ein lichter, ungewöhnlich aufgeteilter Raum im zarten, heiteren Rokokoschmuck. Doch an den Wänden zeugen Votivbilder von menschlicher und durch Menschen verursachte Not. Leid begleitet uns auch im Treppenhaus auf den Weg hinunter: Bilder junger Männer, die im Zweiten Weltkrieg fern von ihrer Heimat starben. Und rundum trotz allem und schon seit Jahrtausenden: die großartige Szenerie aus trotzig-schönen Bergen, grünen Wiesentälern, stillen Seenspiegeln und wildromantischen Schluchten, durch das sich schäumende Wasserläufe winden und immer noch formen, verändern . . .

Introduction

Rugged cliffs towering up from dark mountain forests, deep canyons, green valleys created by glaciers and wild rivers, moors, waterfalls and many lakes make up the landscape of southwestern Bavaria, the »Werdenfelser Land«. Hardly any of the many Upper Bavarian holiday regions are as well-known and popular. The whole region around Garmisch-Partenkirchen – from Uffing on the Staffelsee (lake) in the north to the border to Tyrol in the south, from Wallgau in the east to Linderhof Castle in the west – is referred to today as the »Werdenfelser Land«. This book, however, deals especially with the southern district of this area with the historical development of the »Werdenfelser Land« and the upper valley of the Ammer River.

Everyone is familiar with the spectacular highlights of the region: the worldly winter ski resort Garmisch-Partenkirchen, Mittenwald and its violin-makers, the dramatic appearance of the Zugspitze Mountain, the gorges named Partnachklamm and Höllentalklamm, the architecture of Kloster Ettal (Ettal Monastery) and Linderhof Castle, and the town of Oberammergau, where the Passion Play is performed. Although one might think the name »Goldenes Landl« (Golden Land) sounds like a slogan created by the most active of the local tourism offices, this name is not at all new. It was already in use in times long past.

Traces of human life dating back to prehistoric times have been found in the area between the Karwendel and Wetterstein mountain ranges and the Ammergau Alps and the Western Estergebirge (mountain range). It is also thought that the river names Loisach, Isar and Ammer as well as the town names In der Scharnitz and Partenkirchen are of Celtic or Illyric origin. In 15 B.C. the Romans traversed the Alps, remaining in this region for over 400 years. They built the road that was long to be the main artery of the »Werdenfelser Land« and which linked Verona and Augsburg. It led from the mountain pass at Scharnitz to the station town of Partenkirchen. This old Roman road was rediscovered in the early Middle Ages. New settlement names appeared at this time: Klais, Krün, Garmisch, Oberau, Farchant, Eschenlohe and Oberammergau. Mittenwald is mentioned in documents dating from the 11th century. Along with Partenkirchen it grew in importance with the renewed usage of the old Roman roads.

Garmisch was in those times a separate rural settlement set apart from its neighbor Partenkirchen by a large piece of uncultivated land. In wasn't until the 19th century that Garmisch, thanks to increased tourism, was no longer overshadowed by its old rival. The two merged to become a single municipality in 1935 in anticipation of the Olympic Games held there in the winter of 1936. Let's return to the 12th century: at that time the area was not yet known as the »Werdenfelser Land«. The history of this name goes back to the 13th century with the construction of a fortified castle on an elevation southwest of today's town of Farchant. This castle gave its name to the surrounding region. In 1294 the castle was sold along with land possessions near Partenkirchen and Mittenwald to the bishopric of Freising. The bishopric had been purchasing territory in the surrounding areas since the 8th century and was now able to round off its possessions to become the »Free Country of Werdenfels subject only to the Imperial Government«. For over 500 years this county remained under the control of the German Empire rather than that of the Dukedom of Bavarian which it bordered on. Only in 1802, in anticipation of the secularization of the estates belonging to monasteries, was the area incorporated into Bavaria under the name of »Landgericht Werdenfels« (County-Court Werdenfels). It is ironic that precisely the area which is thought of as representing the quintessence of Upper Bavarian life was not actually a part of Bavaria until the beginning of the 19th century.

In 1295/96 the northern part of the castle land possessions was also sold: not to Freising, but rather to the bishopric of Augsburg. Emperor Ludwig the Bavarian then acquired the area. His donated it, along with a small marble statue of the Mother of God from Rome which was to become the object of many pilgrimages and which still decorates the high altar of the baroque church today, to the Knight's Monastery (later called Kloster Ettal) which he founded in 1330. This resulted in century-long legal and border disputes because Kloster Ettal was not oblivious to the increase in trade and well-being in the neighboring »Werdenfelser Land«. The »Rott« came into existence, a guild of burghers who were the sole possessors of the right to transport goods from one »Rott«-station to the next and of the right to demand money for the storage of goods. Mittenwald and Partenkirchen became the »Rott«-stations within the »Werdenfelser Land«. The trade volume became so great that it could not longer be dealt with by land transport. The Isar River, which had already served as a means of transportation for the Romans, as well as the Loisach River began to be used for the »Water-Rott«. Today river rafts would surely run aground at the shallow river basin at Krün and Wallgau but from the 13th to the 19th century many people made their livings as raftsmen in Garmisch and Mittenwald. The rafts transported not only foreign goods, they also carried gypsum from Oberau and the whetstones from Unterammergau which were in great demand for centuries. In 1487 the Venician merchants moved their marketplace from Bolzano to Mittenwald. And in 1492 Duke Albrecht IV of Bavaria created a better link between the ducal residence town of Munich and the »Werdenfelser Land« by building the old Kesselberg Route via Kochel, Walchensee and Wallgau. This complemented the Isar and Loisach water routes which could only be used in a down-stream direction. Now the »Goldenes Landl« florished: stately warehouses, filled with parcels, chests and barrels containing goods from all over the world, lined the trade route in Mittenwald and Partenkirchen.

Oberammergau, located on Bavarian territory but under the control of Kloster Ettal since 1364, also had »Rott«-rights. However, here trade was slow. The inhabitants of Oberammergau thus began to develop a source of income through artistic wood-carving in those days already. In 1632, in the midst of the Thirty Years' War (1618–1648), the plague spread to Oberammergau, sweeping away around 14 percent of the population within a few months. In their despair the citizens vowed to perform a Passion Play every ten years if the »Black Death« spared further villagers. From that moment on apparently no further person died of the epidemic in Oberammergau. Through all the complexities of history and at times despite massive political resistance the vow has been kept up to this very day. The Passion Plays now draws visitors from around the world.

Following the plague epidemic the inhabitants of Oberammergau still could live from their wood-carving but the economic situation in Partenkirchen and Mittenwald went downhill. In 1679 the Venicians moved their marketplace back to Bolzano; the bishops of Augsburg built a new and better trade route to the west of the earlier one. In the end the raw material wood brought fresh economic impetus to Partenkirchen as well as to Mittenwald. The residents of Partenkirchen became woodcarvers, earning a humble living in this way. After the dissolution of the market in Mittenwald some inhabitants went out into the world as pedlars and traders, founding trade establishments all over the world. Beginning in 1684 unusual wares enriched their offerings: the excellent violins built by Matthias Klotz (1653–1743) of Mittenwald. News of the good reputation of his instruments spread quickly and this led to a new »Golden Age« in Mittenwald. Today, aside from being a tourist resort, Mittenwald's world-wide image is founded upon the thousands of violins, cellos, guitars and zithers made there.

The Zugspitze Mountain is the high point of the area in the truest sense of the word. Measuring 2963 metres it is the highest mountain in Germany. It has also been one of the most important economic factors in the »Werdenfelser Land« since the 19th century. In 1926 the Tyrolian Zugspitz-Railway was constructed to reach the inhospitable mountain cliffs and in 1930 the cog-wheel railway from Garmisch-Partenkirchen leading via Grainau and the idyllic Eibsee (lake) to the Hotel Schneefernerhaus was completed. The latter was extended in 1931 by a cableway leading to the mountain summit. For those who are in a hurry the fast cableway from the Eibsee to the summit bridges an elevation difference of 1950 metres in just ten minutes. The actual mountain top is now covered with buildings, the visitors' platform being the meeting place of countless alpine birds, mountain climbers, skiers and other curious travellers from all over the world throughout the year. From here they witness ancient rock towering up to form the limestone peaks of the Wetterstein mountain chain. It is a relict of the huge Tethys Sea which separated ancient Africa and Europe. This mountain chain with its jagged rocky ridges extends from the Berchtesgaden Alps to the Karwendel, to the Wetterstein and then on to the Allgäu Alps. The Estergebirge (mountain chain) is similar to the Wetterstein in that it is very chalky and therefore replete with underground drainages and caves.

The great variety of fauna and flora mirrors the complexity of the structures. This is especially true of the Ammergau Alps, most of which are now part of a nature preservation area. The mountains are divided into the southern dolomite mountains with their typical cone-like shapes, a much varied middle zone and a northern section with much broken stone and numerous moors: a fragile biotope with highly specialized and sometimes endangered animal and plant species. The popular health resort Bad Kohlgrub, the good reputation of which is based on the healing powers of its mud-baths, lies in this area. Near Saulgrub the Ammer River created the Scheibum, one of the most picturesque canyons in the mountains.

The Ammergauer Alps have not been opened up for tourism to any great extent. Their beauty is best experienced on foot. King Maximilian II of Bavaria (1848–1864) appreciated the wealth of hunting game in this area. He came here to hunt with frequency and with pleasure. His unsociable son, King Ludwig II (1864–1886) especially liked the Graswangtal (Graswang Valley). Beginning in 1874, one of his fantastic projects began to take on its very artistic form here. It became one of the few building projects of the legendary monarch which was actually completed and lived in – a refuge far from the real world. Today, however, Linderhof tends to be crowded: hundreds of thousands of visitors are attracted to this beautiful work of architecture located in the middle of the mountains.

The sightseeing points created by the human hand are, however, only additional highlights joined on to the varied beauty of the »Werdenfelser Land« with its magnificent scenery of defiantly beautiful mountains, green river valley meadows, quietly mirroring lake surfaces and picturesque canyons, through which frothy waterways wind, now taking on one form, now another . . .

Die Zugspitze, davor Heuhocken und gedrungene Heustadel, seit Jahrhunderten ein vertrauter Anblick im Werdenfelser Land.

The Zugspitze with haystacks and compact hay barns in front of it has been one of the most familiar sights in the »Werdenfelser Land« for centuries.

Die Zugspitze ist mit 2963 Meter der höchste Berg Deutschlands. Sie ist durch mehrere Bergbahnen erschlossen. Jahr für Jahr bevölkern Hunderttausende von Besuchern aus aller Welt den umfangreichen Gipfelaufbau. Daneben trägt er aber auch eine Zoll- und seit 1900 eine wichtige Wetterstation.

With an altitude of 2963 meters, the Zugspitze is the tallest mountain in Germany. Several mountain trains travel up it. Hundreds of thousands of visitors from all over the world populate the buildings at the summit each year. A customs office and a meteorological station built in 1900 are also located there.

Längst haben sich die wendigen Alpendohlen an die Menschen auf der Zugspitze gewöhnt und fordern frech Tribut von den Eindringlingen in ihren Lebensraum.

These jackdaws have long since grown accustomed to the people visiting the Zugspitze. By now they are bold enough to demand a tribute from those invading their dwelling place.

Skifahren auf dem Zugspitzplatt (2300–2800 Meter) ist ein teures und beliebtes Vergnügen. Kaum einer der Wintersportler erinnert sich, daß der Schneeferner letzter Rest eines der gewaltigen Gletscher ist, die vor Jahrtausenden Alpentäler und Voralpenland schliffen und prägten.

Skiing on the »Zugspitzplatt« (2300–2800 meters high) is an expensive yet popular activity. Hardly any of the skiers remembers that the »Schneeferner« is a last remainder of one of the mighty glaciers which formed and polished the Alpine valleys and foothills thousands of years ago.

Von der Zugspitzplattform aus ziehen sich die Felsengrate der Alpen Richtung Osten bis zum Horizont.

Viewed from the Zugspitze platform, the mountain ridges stretch in an easterly direction all the way to the horizon.

Der Eibsee ist der größte und bekannteste See im Werdenfelser Land. Er wird hauptsächlich aus unterirdischen Quellen gespeist. Sein »Abfluß« ist der felsig-karstige Untergrund. Vollendet still scheint sein blauer Wasserspiegel in dunklen Bergwald eingebettet, doch die Lage zu Füßen himmelstürmender Felsenwände zieht das ganze Jahr über Gäste an die Seeufer.

The Eibsee is the largest and most well-known lake in the »Werdenfelser Land«. It is mainly fed by underground springs. It drains off into the chalky, rocky ground below. Its mirroring blue surface seems completely tranquile but its location at the foot of mountains which rise up to the heavens draws visitors to the lakeside all year round.

Inseln im Eibsee.

Islands in the Eibsee.

Der Badersee bei Grainau; trotzig behauptet
sich das winzige Felseninselchen im kristallklaren
Wasser (Halb-Unterwasseraufnahme).

Badersee near Grainau. The tiny rocky island
obstinately holds its ground in the crystal clear
lake water (partially photographed under water).

Obergrainau mit Hoher Ziegspitz (1864 Meter).

Obergrainau and the Hoher Ziegspitz
(1864 meters).

Silberwurz (Dryas octopetala)

Nacktstengelige Kugelblume (Globularia nudicaulis)

Clusius-Enzian (Gentiana clusii)

Zwergbuchs (Polygala chamaebuxus)

Characteristic Alpine flowers

Unwirtlich, wild und lebensfeindlich wirkt der Friedergries zu Füßen des Schellschlicht (2053 Meter) nördlich des Grenzortes Griesen. Und doch gedeiht hier eine Fülle attraktiver Alpenpflanzen.

Located to the north of the border town of Griesen, the Friedergries (gravel region) at the foot of Schellschlicht Mountain (2053 meters) appears to be wild, barren and inhospitable. However, an abundance of Alpine plants thrive here.

Seit 1905 ist die Höllentalklamm erschlossen, aber auch heute noch trägt diese düstere Schlucht ihren Namen zu Recht. Unglaublich, daß hier einmal Baumstämme getriftet wurden und, wie die Gruben am Ende der Schlucht bezeugen, ein eher glückloser Abbau von Zink, Blei und Erz erfolgte.

The Höllentalklamm (Hell's Valley Canyon) has been open to the public since 1905. Today this name still seems fitting for the dark ravine. It is hard to believe that in earlier times tree trunks were floated through the canyon and that an unsuccessful attempt at zinc, lead and iron ore mining was made here, as is made evident by the mine openings at the end of the canyon.

Loisach mit Kramerspitze (1985 Meter) bei
Garmisch-Partenkirchen.

The Loisach River with the Kramerspitze
Mountain (1985 meters) near Garmisch-
Partenkirchen.

Wer Gesellschaft und Zerstreuung sucht und trotzdem auf die Illusion von Bergeinsamkeit nicht verzichten möchte, ist am Rießersee genau richtig. Im Winter stehen die Eisstöcke auf dem See kaum still, Musik sorgt für den richtigen Schwung, und wer die märchenhafte Winterlandschaft erkunden möchte, kann dies bequem und warm eingepackt im Pferdeschlitten tun.

Those looking for company and diversion without losing the illusion of mountain solitude will feel at home at the Rießersee. In the winter the sound of curling never ceases and music makes things swing. Those who want to explore the winter fairytale landscape can do so comfortably, warmly packed into one of the horse-drawn sleighs.

Winterliche Wiesenlandschaft bei Garmisch; im Hintergrund die Kramerspitze.

Wintry meadow landscape near Garmisch with the Kramerspitze Mountain in the background.

Blick vom Wank (1780 Meter) auf Garmisch-Partenkirchen und die Zugspitze. Erst 1935 wurden die beiden Dörfer Garmisch und Partenkirchen im Vorgriff auf die Olympischen Spiele 1936 gegen den Wunsch der Gemeindeväter zu einer Gemeinde zusammengefaßt. Durch den Wintersport und die Lage zu Füßen der Zugspitze und des Waxensteines ist Garmisch-Partenkirchen heute weltweit bekannt, aber bis heute trennt sich der Markt klar in die beiden Ortsteile Garmisch und Partenkirchen.

View of Garmisch-Partenkirchen and the Zugspitze from Wank Mountain (1780 meters). It was not until 1935, in anticipation of the Olympic Games held there in 1936 and in opposition to the aldermen of the parishes, that the towns of Garmisch and Partenkirchen were joined to form a single municipality. Known worldwide for being a winter sports resort and for its location at the foot of the Zugspitze and the Waxenstein Mountains, the town is still clearly divided into two parts today.

Das »Husarenhaus« aus dem Jahre 1611 in der Fürstenstraße.

The »Hussar House« in the Fürstenstraße was built in 1611.

Gaststättenzeichen am Posthotel.

Guest house sign at the Post Hotel.

Initialen des Komponisten Richard Strauß (1864–1949) am Tor zu seiner ehemaligen Villa.

The initials of the composer Richard Strauss (1864–1949) on the gate of his villa.

Alte Bauernhäuser in der Frühlingstraße.

Old farmer's houses in the Frühlingstraße.

Das mondäne Ortszentrum von Garmisch.

Garmisch's elegant town center.

Die alte Pfarrkirche Sankt Martin in Garmisch sollte zuerst der neuen Pfarrkirche Sankt Martin (erbaut 1729–1733) und 1804 der Säkularisation zum Opfer fallen. Aber die »Martinswinkler« retteten ihre alte gotische Hallenkirche und damit Reste von Freskenzyklen aus dem 13. und 15. Jahrhundert.

The old parish church of St. Martin in Garmisch was first to have been replaced by the new St. Martin (built from 1729 to 1733) and was again endangered at the time of the Secularisation Movement (1804). The »Martinswinkler« were, however, able to save their old gothic hall church and the remainders of frescoes dating back to the 13th and 15th centuries contained in it.

Treppenaufgang der Votiv- und Wallfahrtskirche
Sankt Anton über Partenkirchen, einem Juwel im
Werdenfelser Land. Ihr Kuppelfresko zeigt die
Leiden der Welt und wurde 1739 von dem
begnadeten Maler Johann Evangelist Holzer
(1709–1740) geschaffen.

Entrance staircase of the votive and pilgrimage
church St. Anton above Partenkirchen, one of the
jewels of the »Werdenfelser Land«. The fresco in
the dome of this church depicts the »Suffering of
the World« as created by the painter Johann
Evangelist Holzer (1709–1740).

Traditionelle Fastnacht im Ortszentrum von Partenkirchen; die historischen Masken befinden sich oft seit mehreren Generationen im Familienbesitz.

Traditional carnival celebration in the town center of Partenkirchen. The historical masks have often been in possession of a given family over several generations.

Die Partenkirchner Ludwigstraße mit dem sehr gut ausgestatteten Werdenfelser Heimatmuseum gegenüber der neugotischen Pfarrkirche Mariä Himmelfahrt.

Ludwigstraße in Partenkirchen with the very well-equiped Town Museum across from the neogothic parish Church of the Ascension.

Im frühen Herbst werden die Rinder von den Almen wieder in die Täler getrieben. Sind sie dabei mit immergrünen Zweigen und Blumen geschmückt, so wissen die Zuschauer, daß ein Almsommer ohne Verluste zu Ende ging. Viele Hände sind beim Almabtrieb in Partenkirchen nötig, um die Rinder zu sammeln. Da die Tiere dem Putz nicht viel abgewinnen können, ist das Schmücken eine Kunst für sich.

In early autumn the cattle are driven down from the Alpine pastures into the valley. If they are decorated with evergreen boughs and flowers the spectators know that no cattle were lost during the summer. Much help is necessary during the driving of the cattle in Partenkirchen in order to herd all the animals. Since the cattle are not especially enthusiastic about all this finery decorating them is an art of its own.

Bergbauer mit Jungkühen auf den Almgründen
über Garmisch-Partenkirchen.

Mountain farmer with young cattle in the Alpine
meadows above Garmisch-Partenkirchen.

Die weltbekannte Skisprungschanze von
Garmisch-Partenkirchen.

The world-famous Garmisch-Partenkirchen ski
jump.

Blick vom Wank auf die aus den Wolken ragenden blauen Zackengrate des Karwendels.

The blue jagged ridge of the Karwendel mountain chain towering above the clouds as seen from Wank Mountain.

Im Alpengarten auf dem Schachen gewinnt auch der gemütliche Bergwanderer Einblick in die einzigartige Flora der wilden Bergriesen rundum. Im Hintergrund Schloß Schachen, eines der eigenwilligsten Bauprojekte des bayerischen Märchenkönigs Ludwig II. (1864–1886): Im Innern werden Träume aus 1001 Nacht lebendig, davor das Bewußtsein über die Großartigkeit der Schöpfung.

Mountain hikers can gain insight into the unique flora of the wild, gigantic mountains by visiting the Alpine Garden in Schachen. The castle of Schachen can be seen in the background. It is one of the most unusual building projects of the Bavarian fairytale king Ludwig II (1864–1886). The interior reminds one of dreams from 1001 Nights.

Die Wanderung entlang der jungen Partnach ins Reintal hinein zählt zum Schönsten, was das Werdenfelser Land Bergwanderern zu bieten hat.

The path along the Partnach (near its source) into the Rein Valley counts among the most beautiful that the »Werdenfelser Land« offers hikers.

Die Franz-Fischer-Hütte im Oberen Reintal,
Ausgangspunkt für spannende Klettertouren im
Wetterstein.

The Franz Fischer Alpine hut in the Upper Rein
Valley is the starting point for exciting mountain
climbing in the Wetterstein Mountains.

Die Partnachklamm ist eine der bekanntesten Schluchten im Werdenfelser Land. Sie ist durch Wege gut erschlossen und Magnet für zahlreiche Bewunderer gewaltiger Naturschauspiele. Wenige Besucher setzen ihren Weg fort zum Ursprung dieser tosenden Wassermassen, den Partnachquellen am Ende des Reintales.

The Partnachklamm is one of the best-known canyons in the »Werdenfelser Land«. Various paths make it accessible to the public and those intriged by the spectacles of nature are drawn to it. Few visitors hike all the way to the source of these raging waters, the Partnach springs at the end of the Rein Valley.

Wamberg ist ein besonderes Dorf. Pittoresk liegt es auf 926 Meter über dem Kankertal und ist nur für Anlieger mit dem Auto erreichbar. Ein Wanderweg führt weiter zur Ausflugsgaststätte Eckbauer, die von Garmisch-Partenkirchen aus auch bequem mit der Eckbauerbahn zu erreichen ist.

Wamberg is an unusual village. Picturesquely located 926 meters above the Kanker Valley, only residents are permitted to drive up to the village. A hiking path leads further to the Eckbauer Inn which can also easily be reached from Garmisch-Partenkirchen by taking the Eckbauerbahn (Eckbauer train).

Blick von Wamberg auf die Charakterberge des
Wettersteinmassives, den Hochblassen
(2707 Meter), die Alpspitze (2628 Meter) und die
Zugspitze (2963 Meter).

View from Wamberg to the characteristic
mountains of the Wetterstein chain, the
Hochblassen (2707 meters), the Alpspitze (2628
meters) and the Zugspitze (2963 meters).

Erholungsheim Schloß Kranzbach bei Klais.

Convalescent home at Kranzbach Castle near Klais.

Die letzten Sonnenstrahlen verglühen über der
Soierngruppe im Karwendel.

The last rays of sun die out gradually over the
Soier group in the Karwendel mountain chain.

Das »Schellenrühren« am »Unsinnigen Donnerstag« ist ein alter Fastnachtsbrauch in Mittenwald. Es sollte ursprünglich Dämonen vertreiben und die Wachstumsgeister wecken. Ein Vortänzer gibt den Rhythmus vor. Danach hüpft die Reihe der Schellenrührer und jeder läßt drei bis fünf am Rücken angebrachte Schellen ertönen. Traditionell tragen sie die Werdenfelser Tracht und sind vermummt mit hölzernen »Schönmasken« und weißen Tüchern.

»Schellenrühren« (bell shaking) on »Unsinniger Donnerstag« (crazy Thursday) is an old carnival tradition in Mittenwald. Originally it was supposed to drive away demons and awaken the spirits of growth. The leader of the dance sets the rhythm. A row of bell-shakers follow him, each person jingling three to five bells attached to his back.

Am Obermarkt und am Untermarkt erinnern stattliche Ballenhäuser an die Jahrhunderte, als in Mittenwald der Handel blühte. Heute bergen die dicken Mauern keine fremdländischen Stoffballen, Kisten und Weinfässer mehr, doch nach wie vor so manchen guten Tropfen und zahlreiche Besucher aus aller Welt.

The stately warehouses on the Obermarkt and Untermarkt serve as a reminder of the centuries in which trade florished in Mittenwald. Although these thick walls no longer house parcels, chests an wine barrels, good liquor and international visitors can still be found within.

Vor der üppigen Fassade der barocken Pfarrkirche Sankt Peter und Paul (erbaut 1738 bis 1740) sitzt der Begründer des Mittenwalder Geigenbaues, Matthias Klotz (1653–1743), tief in seine Arbeit versunken und unberührt vom bunten Treiben auf dem Obermarkt. Ferdinand von Miller goß ihn 1890 in Erz. Noch heute begründen neben dem Fremdenverkehr Tausende von Geigen, Cellos, Gitarren und Zithern weltweit den Ruf Mittenwalds.

In front of the exuberant facade of the baroque parish Church of St. Peter and Paul (built between 1738 and 1740) sits the founder of the Mittenwald school of violin-making, Matthias Klotz (1653 to 1743). Deeply absorbed in his work he seems to remain untouched by all the activity at the market. Ferdinand von Miller cast Klotz's image in iron in 1890. Today, apart from being a tourist resort, Mittenwald's world-wide image is founded upon the thousands of violins, cellos, guitars and zithers made there.

Mittenwalder Geigenbauerin.

A violin-maker in Mittenwald.

Der Ferchensee und der Lautersee (nicht im Bild) gehören zu den freundlichen und landschaftlich reizvollen Seen rund um Mittenwald. Ihre Lage mitten in den Bergen, Einkehr- und Bade- oder je nach Jahreszeit auch Wintersportmöglichkeiten machen sie zu beliebten Wanderzielen.

The Ferchensee and Lautersee (not shown here) are among the most friendly and naturally attractive lakes near Mittenwald. Their location in the middle of the mountains, the availability of food and lodging as well as winter sports possibilities have made them especially popular destinations for hikers.

Lautersee bei Mittenwald.

Lautersee near Mittenwald.

In ausladenden Kehren arbeitet sich der Weg hoch in die karstige Flanke der Nördlichen Linderspitze (2374 Meter).

With sweeping curves a road makes its way up the chalky flank of the Northern Linderspitze Mountain (2374 meters).

54

Vorbereitung zum Klettergang mit Blick auf die
Westliche Karwendelspitze (2385 Meter).

Preparations for mountain climbing with a
view of the Western Karwendelspitze Mountain
(2385 meters).

Tagpfauenauge (Inachis io)

Schwalbenschwanz (Papilio machaon)

Postillion (Colias croceus)

Deutscher Enzian (Gentianella germanica)

Frühsommervegetation auf den Buckelwiesen

Butterflies and vegetation on the Buckelwiesen (hilly meadows).

Dunkle Akelei (Aquilegia atrata)

Buckelfluren finden sich überall in den ehemaligen Gletschertälern der Alpen, aber sie bleiben dem Betrachter oft verborgen. Um Mittenwald-Krün wurden sie vorsichtig kultiviert und über lange Zeit einmal im Jahr mit der Hand gemäht. Heute ist Handarbeit teuer, und große Gebiete fielen der Modernisierung in der Landwirtschaft zum Opfer. Verständlich von seiten der Landwirte, die von ihrem Land leben müssen; schmerzlich für den Naturliebhaber, denn kaum irgendwo sonst entwickelte sich solcher Artenreichtum wie auf den kultivierten Buckelwiesen. Staatliche Hilfe soll künftig dieses wertvolle Landschaftselement erhalten.

Hilly meadows are to be found throughout the glacial valleys of the Alps but they often remain hidden from the viewer. Near Mittenwald-Krün they were carefully cultivated for a long time and were mowed by hand just once a year. Today manual labor has become much more expensive and large areas have fallen prey to agricultural modernisation. Though this is understandable from the viewpoint of the farmers who have to live from their land, nature lovers are pained by this development because the richness of species exhibited by the cultivated hilly meadow is virtually unparalleled. In the future state funding is expected to be helpful in an effort to preserve this valuable element of the landscape.

Ein Regenbogen spannt sich über den Barmsee
westlich von Krün und spiegelt die Farben
der herbstlichen Landschaft wider. Nach dem
Eibsee ist der Barmsee der zweitgrößte See im
Werdenfelser Land.

Autumnal landscape at the Barmsee.

Herbst auf den Buckelwiesen am Geroldsee;
die Heustadel im Hintergrund sind typisch für die
Landschaft um Mittenwald.

Autumnal hilly meadows near the Geroldsee.
The hay barns in the background are typical of the
landscape near Mittenwald.

Krokuswiesen am Geroldsee.

Crocus meadows at Geroldsee.

Vom Schmalsee aus betrachtet scheinen die grauen Felswände des Karwendels aus den Wiesen und Baumreihen herauszuwachsen, doch dazwischen liegt noch das obere Isartal zwischen Mittenwald und Krün.

Viewed from the Schmalsee (lake), the grey cliffs of the Karwendel Mountains seem to grow out of the meadows and rows of trees, yet the upper Isar Valley lies between Mittenwald and Krün.

Das Dorf Wallgau mit der spätgotischen
Pfarrkirche Sankt Jakob vor der Kulisse von
Karwendel- und Wettersteingebirge.

The Karwendel and Wetterstein Mountains serve
as a backdrop for the village of Wallgau
with its late gothic parish Church of St. Jacob.

Vorbei die Zeiten, da hier schwer beladene Flöße von Mittenwald Richtung München fuhren. Seit 1924 wird der Isar bei Krün für die Stromerzeugung im Walchenseekraftwerk bei Kochel so viel Wasser entzogen, daß sie südlich von Wallgau eher einem sanften Gebirgsbach als einem reißenden Wildfluß gleicht.

Its been a long time since heavily-laden rafts travelled along here on the way from Mittenwald to Munich. Since 1924 so much water has been rerouted near Krün to create electricity at the Walchensee power station that the continuation of the Isar south of Wallgau seems more like a gentle mountain stream than a torrential river.

63

Der Aufstieg zum Simetsberg (1836 Meter) im Estergebirge ist anstrengend, doch vor allem an klaren Herbsttagen lohnt die Aussicht jede Mühe. Hinter dem Krottenkopf (2086 Meter) im Estergebirge erhebt sich im Südwesten das gewaltige Massiv der Zugspitze.

The hike up the Simetsberg (1836 meters) in the Estergebirge (mountain range) is strenuous but (especially on clear autumn days) the view is well worth the trouble. The Zugspitze Mountains can be seen behind and to the southwest of the Krottenkopf (2086 meters) in the Estergebirge.

Wie viele Jahrhunderte mag der Baumgreis am Simetsberg Wind und Wetter widerstanden haben, bevor sie ihn endlich bezwangen? Im Hintergrund leuchtet die blaue Wasserfläche zum Walchensee.

How many centuries had this aged tree on the Simetsberg braved the wind and weather only to be conquered by them in the end? The blue water surface of the Walchensee sparkles in the background.

Die Eschenlaine im Eschental; sie begleitet
einen bequemen und schattigen Wanderweg
von Eschenlohe zum Walchensee.

The Eschenlaine River in the Eschen Valley.
An easy and shady hiking path leads along it from
Eschenlohe to Walchensee.

Das gemütliche, alte Flößerdorf Eschenlohe liegt dort, wo die Loisach das Gebirge verläßt, eingebettet zwischen dem Murnauer Moos und der Kulisse des Estergebirges und der Ammergauer Alpen. Namhafte Künstler gestalteten die Dorfkirche Sankt Clemens, eines der vielen Schmuckstücke des Oberlandes.

The pleasant old rafter's village of Eschenlohe lies at the point where the Loisach leaves the mountains. It is embedded between the Murnauer Moos (marsh) and the backdrop of the Estergebirge and Ammergau Alps. Noted artists decorated the village church St. Clemens, one of the many gems of the uplands.

Die Loisach bei Oberau mit Blick auf die
Zugspitze; bis 1802 verlief südlich von Oberau die
Grenze zwischen Altbayern und der
reichsunmittelbaren Grafschaft Werdenfels. Blies
der Wind von Oberau aus ins Werdenfelser Land,
so sprach man dort vom »Boarwind«, denn das
bayerische Oberau galt bereits als Ausland.

The Loisach River near Oberau with a view of the
Zugspitze. Until 1802 the border between Bavaria
and the »Free County of Werdenfels subject only
to the Imperial Government« ran to the south of
Oberau. If the wind blew from Oberau into the
»Werdenfelser Land« it was referred to as the
»Boarwind« because the Bavarian town of
Oberau was considered to be foreign territory.

Farchant mit den schönen, alten Bauernhöfen in Blockbauweise ist Ausgangspunkt für viele Bergwanderungen im Estergebirge.

Farchant, with its beautiful old farm buildings, is the starting point for many mountain hikes in the Estergebirge.

Das Estergebirge ist karstig und von vielen unterirdischen Abflüssen durchzogen. Einem von ihnen ist es gelungen, eine Felswand des Hohen Fricken (1940 Meter) hoch über Farchant zu durchbrechen. Die Wassermassen schießen als Kuhfluchtwasserfälle in unzähligen Kaskaden ins Tal hinunter.

The Estergebirge (mountain chain) is chalky and replete with underground drainages. One of them succeded in breaking through the face of a cliff of the Hoher Fricken Mountain (1940 meters) high above Farchant. The Kuhflucht Waterfalls are forms of masses of water shooting out in uncountable cascades down into the valley.

Die Burgruine Werdenfels auf einem Höhenzug über der Siedlung Burgrain war die Keimzelle des Werdenfelser Landes. Jahrhundertelang bestimmte die Feste die Geschicke des Landes, und ihr verdankt es seinen Namen.

The ruins of Werdenfels Castle located on a chain of hills above the settlement of Burgrain formed the nucleus of the region »Werdenfelser Land«. For centuries this castle dominated the fortunes of the area and it lent its name to the surrounding countryside.

Bergsteiger beim Aufstieg zur Großen Klammspitze (1924 Meter) in den Ammergauer Alpen.

Mountain climbers on their way up the Große Klammspitze Mountain (1924 meters) in the Ammergau Alps.

Gipfel der Großen Klammspitze; im Hintergrund
der Forggensee im Allgäu.

Summit of the Große Klammspitze. In the
background is the Forggensee (lake) in the Allgäu
region.

König Ludwig II. (1864–1886) liebte das Graswangtal. Hier erstanden phantasievolle Traumschlösser vor seinem geistigen Auge. Nur zwei davon wurden tatsächlich zu Lebzeiten des Monarchen vollendet: Schloß Schachen und Schloß Linderhof. Das mit üppiger Ornamentik ausgestattete Schloß Linderhof wurde von 1874 bis 1878 nach Plänen des Architekten Georg Dollmann und nach dem Vorbild des Petit Trianon im Park von Versailles erbaut.

King Ludwig II (1864–1886) loved the Graswang Valley. It was here that his fantastic dream castles were created: Schachen Castle and Linderhof Castle. The Linderhof Castle, with its sumptuous ornamentation, was built from 1874 to 1878 according to plans by the architect Georg Dollmann and following the example of the Petit Trianon in the park at Versailles.

Der Maurische Kiosk im Schloßpark von
Linderhof.

The Moorish kiosk in the castle gardens at
Linderhof.

Die Kapelle Sankt Gertrudis bei der Einöde Dickelschwaig, einem ehemaligen Klosterhof von Ettal, ist von einer überraschend großen Zwiebelhaube überdacht.

The chapel of St. Gertrude near the solitary hamlet of Dickelschwaig, once linked to the monastery at Ettal, exhibits a surprisingly large onion-shaped cupola.

Winter im Weidmoos bei Ettal, einem der vielen schützenswerten und artenreichen Flachmoore im Ammergau. Am Rand dieses Moorgebietes entspringen die Ammerquellen. Sie sollen aus dem Wasser gespeist werden, das von den Bergen im hinteren Graswangtal herunterkommt, dann aber zum Großteil im Lindergrieß bei Linderhof versickert.

The wintry Weidmoos (marsh) near Ettal is one of many flat marshes in Ammergau. The sources of the Ammer River are located at the edge of this marshy area. These sources are thought to be fed by mountain water from the Graswang Valley which then for the most part trickles away into the ground in the Lindergrieß (gravel region) near Linderhof.

Die Ettaler Klosterkirche Sankt Maria trägt Bayerns größte Kuppel. Kirche und Kloster wurden nach einem verheerenden Brand 1744 von dem Wessobrunner Architekten Joseph Schmuzer nach Plänen Enrico Zuccallis neu erbaut. Das gewaltige Kuppelfresko, das die Heiligen des Benediktinerordens zeigt, malte der Tiroler Johann Jakob Zeiller.

The monastery church St. Mary in Ettal carries Bavaria's largest dome. Following a devastating fire in 1744, the church and the monastery were rebuilt by an architect from Wessobrunn named Joseph Schmuzer according to plans drawn up by Enrico Zuccalli. The huge fresco inside the dome depicts the saints of the Benedictine order and was painted by Johann Jakob Zeiller.

Kloster Ettal am Fuß des Ettaler Manndls blickt auf eine bewegte Geschichte zurück. Einst war das Kloster weitberühmter Wallfahrtsort. Die Gläubigen pilgerten zu der kleinen Madonnenfigur aus italienischem Marmor, die auch heute noch den Hauptaltar der

Klosterkirche ziert. Sie war ein Geschenk von Kaiser Ludwig dem Bayern an sein Kloster und Ritterstift Ettal.

Ettal Monastery looks back on an agitated history. The monastery was once a widely renowned place of pilgrimage. The devout came to worship the small figure of the Madonna made of Italian marble which adorns the high altar in the monastery church until this day.

Üppige Lüftlmalerei von Franz Zwick am
»Pilatushaus«.

Luxuriant free air paintings by Franz Zwick at the
»Pilatushaus«.

Oberammergauer Holzschnitzer.

An Oberammergau wood carver.

Malerei am Geburtshaus des Schriftstellers
Ludwig Thoma (1862–1921).

Paintings at the birthplace of the author Ludwig
Thoma (1862–1921).

Blick von der Laberbergbahn auf Oberammergau: im Mittelgrund die reich ausgestattete barocke Pfarrkirche Sankt Peter und Paul (erbaut 1736–1742), rechts hinten im Bild das tempelartige Passionsspielhaus.

View from the Laberbergbahn (mountain train) towards Oberammergau: in the middle the richly decorated baroque parish Church of St. Peter and Paul (built between 1736 and 1742), at the back on the right-hand side the temple-like Passion Play Theatre.

Bei Saulgrub schuf sich die Ammer eine lange Schlucht. Wie ein zarter Vorhang aus hauchfeinen Wasserfäden stäuben die Schleierfälle vom Felsen am Ende der Klamm.

The Ammer River created a long canyon near Saulgrub. Forming a curtain of fine threads of water, the Schleier Waterfalls spray out of the cliffs at the end of the canyon.

Eng drängten sich die Häuser im alten Dorfzentrum von Bad Kohlgrub um die Pfarrkirche Sankt Martin. Das Moorheilbad liegt landschaftlich reizvoll vor den sanften Flyschbergen der Ammergauer Alpen, zu denen auch sein Hausberg, das Hörnle (1496 Meter), zählt. Bad Kohlgrub ist ein moderner Badeort und dennoch familiär und dörflich geblieben.

The houses in the old town center of Bad Kohlgrub crowd around the parish Church of St. Martin. The mud-baths are attractively located in front of the gently stony mountains of the Ammergau Alps of which the nearby Hörnle (1496 meters) is a good example. Bad Kohlgrub is a modern spa which has nonetheless retained its rustic atmosphere.

Das behagliche Moorbad Bayersoien am Soiener
See.

The agreable mud-bath spa of Bayersoien
located at the Soiener See (lake).

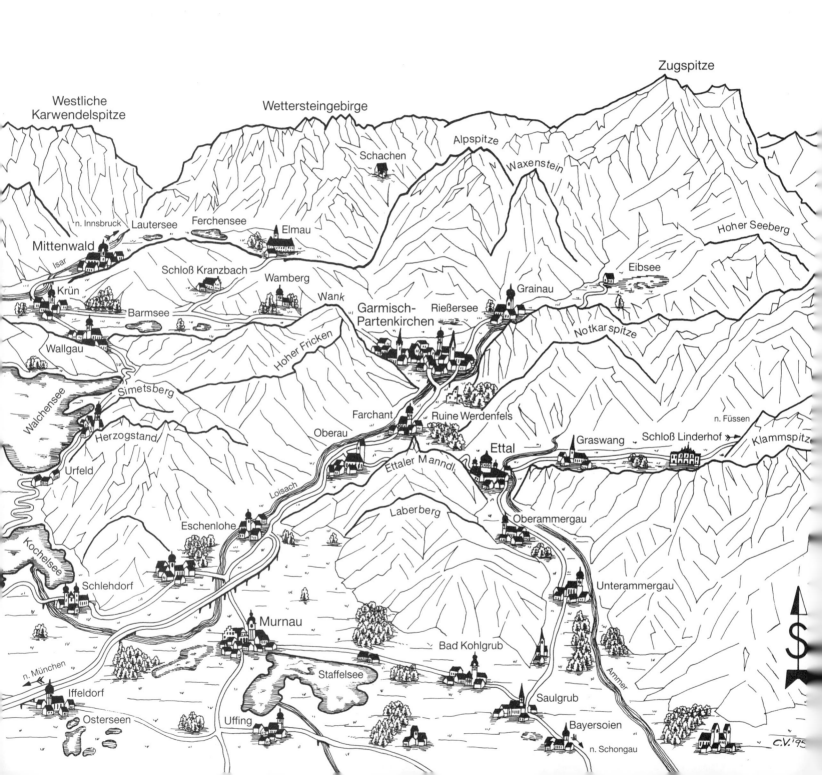